隋唐

[清] 褚人获 ◎著 郭婷 ◎编

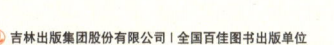
吉林出版集团股份有限公司 | 全国百佳图书出版单位

武媚娘入宫掌大权

长孙皇后病逝后,唐太宗派唐俭去民间选了一百个十四五岁的女子做秀女。唐太宗唯独留下武媚娘做了才人,并对她十分宠爱。一天,太史令李淳风发现太白金星竟然在白天出现,急忙起卦,结果是"女主昌"。

武媚娘入宫掌大权

三

贞观九年五月,太上皇唐高祖在太安宫去世。

一天,唐太宗、长孙皇后以及妃子们在宫中散步。唐太宗觉得身边的宫女虽然衣着整齐,但什么年纪的都有,看起来很不协调。

长孙皇后问了问宫女们的情况，才知道不少宫女在隋朝的时候就在宫里伺候，现在都三十五六岁了。

唐太宗跟长孙皇后商量后，下旨二十岁以下的宫女留在各宫使唤，剩下的三千多人全都放出宫去。

武媚娘入宫掌大权

七

唐太宗吩咐魏太监写告示，昭告天下，让宫女们的父母把能出宫的宫女领回去婚配，那些父母不在跟前的，可以自行婚嫁。三千宫娥欢天喜地地谢了恩，收拾好东西出宫去了。

贞观十年六月，长孙皇后病逝。唐太宗想起皇后生病时，曾经说起要重用房玄龄，于是下旨让房玄龄官复原职。

一天,唐太宗忽然生了重病,迷迷糊糊梦见到很多已经死掉的人,心里十分害怕,就是醒不过来。直到秦琼、尉迟恭过来问安,才能睁开眼睛。

他觉得秦琼、尉迟恭杀气重,能够震慑鬼怪,于是让人将二人的画像贴在宫门上,封二人做了门神。

武媚娘入宫掌大权

唐太宗病好之后,魏徵说唐太宗之所以生病,是因为宫中阴气过重,让唐太宗将先帝的嫔妃们放出宫去。唐太宗觉得有理,于是把包括张夫人、尹夫人在内的三千多个妃嫔、宫人全都放了出去。

如此一来,后宫就空了,唐太宗又派唐俭去民间挑选一百个十四五岁的女子做秀女。

唐俭回来后,唐太宗将秀女们放到各宫中使唤,唯独留下武媚娘,命其做了才人,住在福绥宫,对她十分宠爱。

武媚娘的父亲武行之在唐高祖时曾任都督,因为性格恬淡,索性辞官归隐。

武媚娘入宫掌大权

一五

他和妻子过了四十都没有孩子，他就娶了邻居家的女儿张氏做了小妾。张氏生下女儿武媚娘，不久就去世了。

　　武行之夫妇十分疼爱这个女儿。武媚娘自幼聪慧，闻一知十。她七岁的时候，武行之就请了先生教她读书写字。武媚娘长到了十二三岁时，已有倾国倾城之貌。

武媚娘十四岁的时候，被选进宫里，封为才人。宫中派人教秀女们歌舞音乐，武媚娘一学就会。

　　宫中规矩森严，可武媚娘却不像其他人那样战战兢兢。在唐太宗面前，她娇憨、大胆、纵情纵性，唐太宗喜欢她如此率性，便对她更加宠爱。

武媚娘入宫掌大权

一九

太子李承乾是长孙皇后所生,喜欢声色,贪图享乐。另有魏王李泰,韦妃所生,才能突出,很受唐太宗宠爱。他见皇后已死,便想夺取太子之位。

太子知道后便派人暗杀魏王。吏部尚书侯君集劝太子一不做二不休,直接逼宫谋反。

唐太宗得到消息，勃然大怒，将太子李承乾贬为庶人，同谋的侯君集等也被处死，魏王也遭贬。

第二天，褚遂良、长孙无忌极力劝说唐太宗立仁爱孝顺的晋王李治做太子，唐太宗准奏。

皇后死后,武才人一人独享宠爱,她每天陪着唐太宗,让唐太宗十分高兴。

一天,太史令李淳风发现太白金星竟然在白天出现了,急忙起卦,结果是"**女主昌**"。当时民间也出现了"唐三世之后,女主武王代有天下"的说法。

唐太宗听了十分恼火。李淳风说:"以天象来说,这个人已在宫中。"唐太宗问:"我要是把和这个预言沾边的人都杀了,你觉得怎么样?"李淳风说:"天命如此,陛下要是没杀掉预言里的那个女主,不过是徒增杀戮,后果会更严重。"

唐太宗想起武媚娘姓武,心里有些不舒服。但他觉得武媚娘性格柔顺,所以始终下不了手。

武媚娘入宫掌大权

二七

武媚娘也知道此事，想着唐太宗虽然现在还没杀她，但以后恐怕就难说了，所以一直考虑如何保全自己。

　　后来唐太宗病重，太子李治进宫看望，却迷上了武媚娘。二人本想悄悄地说上几句话，可是一直没有机会，只得眉目传情。

一天,李治又进宫伴驾,二人总算逮到机会互诉衷肠。太子诅咒发誓,说等自己做了皇帝,一定封武媚娘为皇后,并留下九龙羊脂玉钩给武媚娘做信物。

唐太宗知道自己时日无多,心想:"不能留下武才人祸害后人。"他问武媚娘:"外边的传言,你知道吧,你有什么打算?"

武媚娘跪到床边,哭着说:"妾服侍皇上多年,从不敢有一点差错。皇上若是处死臣妾,臣妾死不瞑目。陛下若是还记得臣妾的好,就让臣妾出家吧,以后每天伴着青灯古佛,为陛下祈福。"唐太宗本不愿杀她,听她说愿意出家,便依了她。

武媚娘来到感业寺出家。庵主法号长明，见武媚娘千娇百媚，心想："这样风流的样子，怎么做得了尼姑？"她叹口气，吩咐武媚娘在佛祖面前跪下，亲自给她剃度。

武媚娘入宫掌大权

三五

贞观二十三年五月,唐太宗病危。他将长孙无忌、褚遂良、徐懋功等人召到床前,嘱咐他们好好辅佐太子。当晚唐太宗就去世了,太子李治继位,也就是唐高宗。

武媚娘在感业寺听说太宗病逝,大哭了一场。

唐高宗在太宗忌日的时候，到感业寺进香。武媚娘见到唐高宗，泪流满面，唐高宗也忍不住哭了起来。唐高宗走时吩咐长明，让武媚娘蓄发，说过一阵子就来接她。

　　武媚娘被唐高宗接进宫后，被封为昭仪，转年就生了一个儿子，第二年又生了一个女儿。唐高宗因此越发宠爱她。

武媚娘入宫掌大权

三九

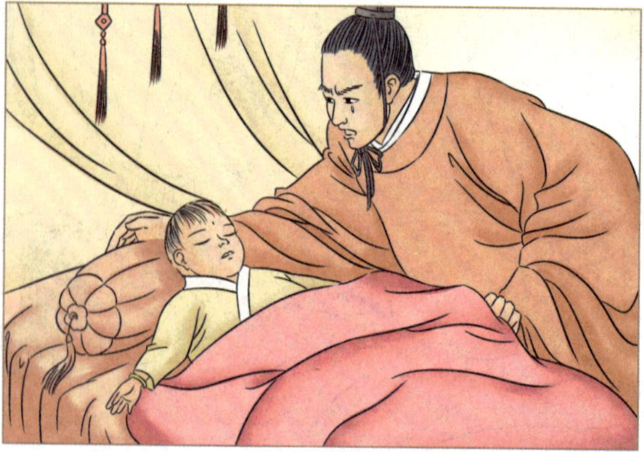

国学小奇书

隋唐演义 五

四〇

武媚娘知道皇帝已经厌倦了王皇后和萧淑妃,就想除掉二人,自己做皇后。一天,王皇后来看望武媚娘的女儿,武媚娘等皇后走了,就亲手将自己的女儿闷死。

之后,唐高宗过来,说想见女儿,结果发现女儿已经死了。

武媚娘忙问内侍是谁照顾公主，内侍跪下说："公主刚刚还好好的，只有皇后来的时候，小的们出去了一下。"唐高宗大怒，认定是皇后杀了小公主，便想废了王皇后，立武媚娘为后。

武媚娘入宫掌大权

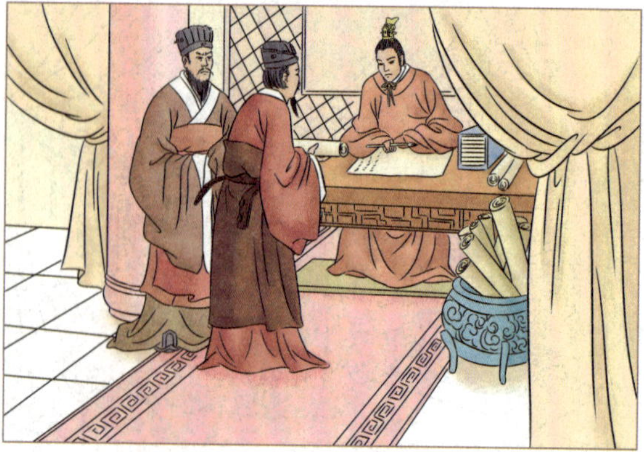

唐高宗下旨召长孙无忌、褚遂良、徐懋功进宫商量此事。徐懋功推说身体不适没去。褚遂良听唐高宗说想废掉王皇后，立武昭仪做皇后，极力劝阻。

武媚娘在帘幕后面喊:"陛下,这样忤逆的人,不如拉出去杀了。"长孙无忌说:"先帝曾经下旨,就算褚遂良犯错,也不能对他用刑。"

过了几天,中书舍人李义府上书进谏,说请皇帝立武昭仪做皇后。唐高宗问徐懋功:"朕曾经问过褚遂良,他说不行。爱卿怎么看?"

武媚娘入宫掌大权

四七

国学小香书

隋唐演义

五

四八

徐懋功说:"这是陛下的家事,自然由陛下做主。"唐高宗于是下旨将王皇后和萧淑妃贬为庶人,封武昭仪为皇后。

褚遂良先被贬为潭州都督,后来又被贬为刺史,最后死在了赴任的路上。

武媚娘做了皇后之后,开始参与朝政,她每天和唐高宗一起上朝听政。当时的人说起皇帝、皇后,都说是二圣。

　　唐高宗开始的时候是喜欢武媚娘的,但到了后来,就有些惧怕武媚娘了。他下旨封武媚娘的父亲为周国公,武媚娘的母亲为荣国太夫人。武氏夫妇因为没有儿子,就认侄子武三思做儿子,唐高宗也给他封了官。

武媚娘入宫掌大权

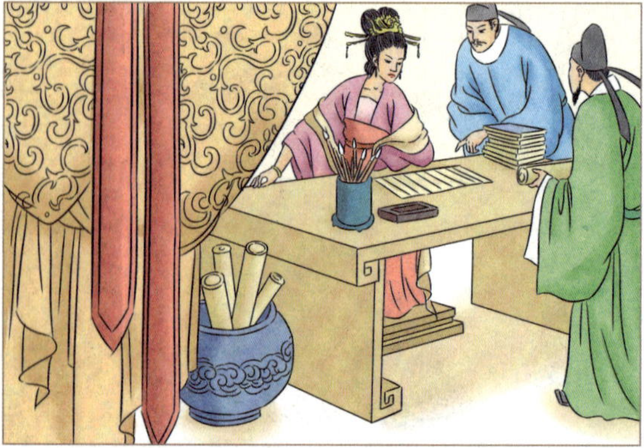

武媚娘记恨王皇后和萧淑妃曾经折辱过她，派人将她们折磨了一通，这样她才消了气。

　　后来，唐高宗得了眼疾，就将奏折都交给武后裁决。

没多久,唐高宗去世,英王李显做了皇帝,号唐中宗。李显的妻子韦氏做了皇后,武媚娘做了皇太后。李显虽然做了皇帝,可是朝堂上的大小事务的决定权仍掌握在武媚娘手里。

一天,唐中宗说要封韦皇后的父亲韦元贞做侍中,裴炎上书劝阻。

武媚娘入宫掌大权

五五

隋唐演义 五

唐中宗火冒三丈，说了一句："这天下都是朕的，别说一个侍中，就是天下，朕想给韦元贞也能给。"这话传到武后的耳朵里，武后勃然大怒，将唐中宗贬为庐陵王，送去了房州。另立豫王李旦做了皇帝，号唐睿宗。

唐睿宗继位后，只能住在别宫，朝堂上大小事务仍由武后把持。

武后知道李家宗室一定不满意自己的所作所为，就故意掀起告密之风，让索元礼、周兴、来俊臣罗织罪名，想要除掉李家所有的宗室。

被废黜的庐陵王李显听到消息后，吓得面无人色。从此只要一听说武后派使臣过来，就想自杀。妻子韦氏劝他说："生死由命，更何况也未必就是赐死，殿下不要慌。"李显因为韦氏的鼓励，才稍感宽慰。

武媚娘入宫掌大权

五九

国学小书 **隋唐演义** 五 六〇

一天,武三思在宫中闲逛,遇到武后身边的女官上官婉儿。上官婉儿说,庐陵王妃韦氏曾多次称赞过他,就想派他去房州看看庐陵王。

武三思领旨到了房州,听人说庐陵王李显整天跟和尚谈经论道,心无旁骛。他想:这样看来,庐陵王确实没有异心。

第二天,武三思正式拜访庐陵王李显,武三思说起徐敬业发檄文讨伐武后的事。李显大骂:"这样一个犯上作乱的小人,等抓住他,一定要碎尸万段。"

武三思跟着庐陵王李显往里走的时候,韦氏身边的一个宫奴,悄声说:"武爷别喝醉了,娘娘还要出来跟武爷说话。"到了晚上,武三思靠在桌边看书,韦氏悄悄走进来,送了武三思不少东西,二人又说了些悄悄话。

武媚娘入宫掌大权

六三

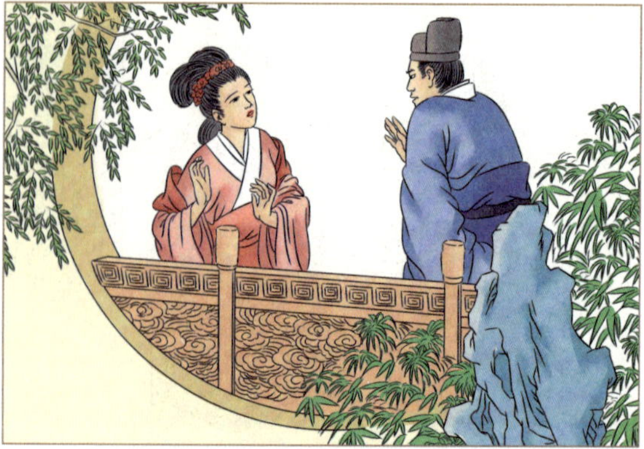

武三思说:"你放心,我回去之后,一定在太后面前帮你们说话,用不了多久你们就可以回去了。"韦氏说:"好,妾有一枝鹤顶,送给你们做信物。这对碧玉连环,你帮我交给婉儿,说谢谢她。"

武三思担心武后疑心，不敢在房州多做停留，三天后便辞别庐陵王，回了长安。武后掌管朝政的时间久了，就生出了自己称帝的心思。

她有一个男宠，叫傅游艺，多次怂恿她更改国号，自己做皇帝。于是太后就下定决心，将唐朝改为周朝，自称圣神皇帝，命人建立武氏宗庙。

武媚娘入宫掌大权

隋唐演义 五

六八

武三思回到长安后,跟武后说庐陵王一直十分挂念她,每天都去感德寺为她祈福。武后听了,便下旨将庐陵王召回了京城。

李太白才高被妒

一天,渤海国派使者呈上一封国书,但国书上的字,文武百官竟无一人认识。第二天,贺知章对唐玄宗说李白能辨识番文。李白和贺知章一起入朝,他拿着国书,用唐音一一译出。

李太白才高被妒

隋唐演义 五　七二

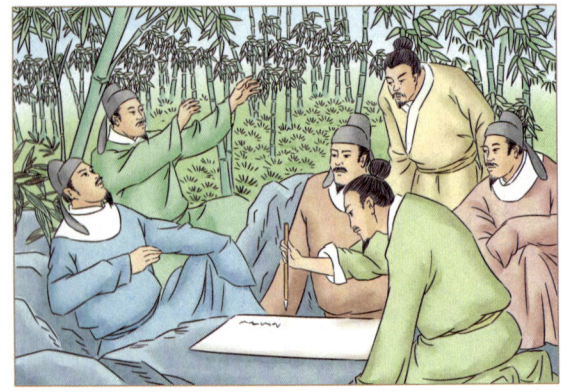

绵州有个才子,姓李名白,字太白,是西凉主李暠九世孙。他性格清奇,嗜酒爱诗,轻财狂侠,自号青莲居士。大家见他有飘然出世的仪表,就称他为李谪仙。

他不求做官,志在遨游四方,看尽天下名山大川,尝遍天下美酒。先登峨眉,再游云梦,后来在徂徕山竹溪,与孔巢父、韩准、裴政、张叔明、陶沔六人隐居,号称竹溪六逸。

他听说湖州乌程的酒极好,竟千里迢迢赶来,在酒楼里一边痛饮一边唱歌。

正巧适州司马吴筠经过,听见后派人询问,李白随口回应了一首诗。吴筠听后十分惊喜,正好他要去长安上任,就拉李白一同前往。

李太白才高被妒

七五

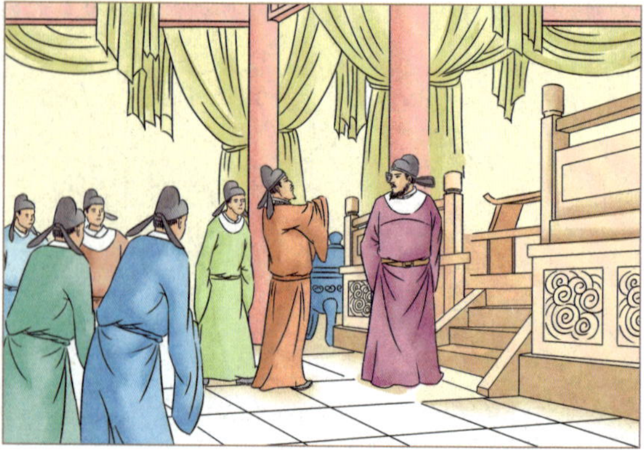

一天,李白和贺知章相遇,彼此非常倾慕。贺知章邀请李白到酒楼中,解下腰间金鱼袋,换酒同饮。

快到考试的日子,朝廷命贺知章主持,又特旨命杨国忠、高力士为内外监督官,检点试卷,送主试官批阅。

贺知章暗想:"李太白是个高傲的人,替他找人托关系,反而会惹怒他,不肯考试。"于是,他一面委托杨国忠和高力士在考试时照顾一下李白;一面拜托吴筠,力劝李白应试。

李太白才高被妒

七九

隋唐演义 五 八〇

李白被劝不过,只得依言,准备入场。谁知杨国忠、高力士与贺知章本不是一类人,偏偏要坏他的事。杨国忠看见试卷上有李白的姓名,便不管好坏,一笔抹掉。

李白正想争论,杨国忠骂道:"这样的人,只能替我磨墨。"高力士插嘴说:"磨墨也不行,只能替我脱靴。"

李白出来后，怨气冲天，发誓一旦得志，一定要让杨国忠磨墨、高力士脱靴，才能出胸中恶气。

　　一天，渤海国派使者前来，却没什么宝物献上，只有一封国书。唐玄宗命少监贺知章先去询问那使者来意。使者答道："国王写信的用意，使臣并不知道。"

李太白才高被妒

八三

隋唐演义 五 八四

上朝时，贺知章引使者入朝面圣，呈上一封国书。唐玄宗命使者先回馆驿候旨。

宣奏官侍郎萧灵拆开国书，大吃一惊，原来那上面写的字，字体古怪异常，不是草书，也不是隶书、篆书，估计只有仓颉才能辨认。

于是唐玄宗叫来李林甫、杨国忠，二人也是一个字也认不出来。传示满朝文武百官，也无一人能认识。

唐玄宗怒道："堂堂天朝，不能被小国耻笑！三日内若无回奏，在朝官员全部免职。"

李太白才高被妒

八七

国学小书书

隋唐演义 五

八八

晚上,贺知章回家后,闷闷不乐。那时,李白正住在贺家,看他这样,就问原因。

贺知章把事情的经过说了一遍。李白听后,笑道:"番字有什么难认的?"贺知章惊喜地说:"你能辨识番字,我明天就上奏。"

第二天上朝时,贺知章忙奏明唐玄宗,说:"臣有一个布衣之交,西蜀人士,姓李名白,博学多才,能辨识番字。"

唐玄宗立即召李白入朝。李白却说自己没有官职、才学浅薄,不敢面见天子。

李太白才高被妒

九一

隋唐演义 五

九二

贺知章就把李白去年考试被人陷害的事奏明唐玄宗,汝阳王、李适之、吴筠等人也都称赞李白是奇才。

于是,唐玄宗传旨赐李白以五品冠带朝见,李白不敢再推辞,就和贺知章一起入朝。

唐玄宗见李白一表人才,气度不凡,满心欢喜,让侍臣把国书给李白观看。

李白看了一遍,启奏道:"今天渤海国不写表文,直接写国书,已经违反礼仪;况且信中语言傲慢,很不恭敬。"唐玄宗让他翻译一下。

李太白才高被妒

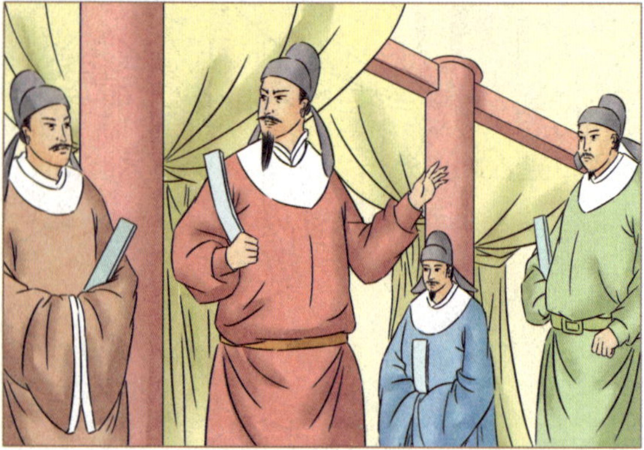

李白遵命，手中拿着国书，立在御座之前，以汉语一一译出，高声朗诵。

　　玄宗听了国书的内容，非常不高兴，向众官问道："渤海国想争占高丽，我们该怎么办？"诸臣议论不一。

唐玄宗迟迟没有决断。李白奏道:"皇上不必担忧,臣猜想他们言语傲慢,不过是试探我们大唐的动静。不如明日召使者入朝,命臣当面草拟诏书,也用渤海国文字,恩威并施,让他们震慑降服。"

李太白才高被妒

九九

国学小书书

隋唐演义 五

一〇〇

唐玄宗听了非常高兴,问道:"可毒是他们国王的名称吗?"李白说:"渤海国称国王为可毒,就像回鹘称可汗、吐蕃称赞普、南蛮称诏。"

唐玄宗见他应答如流,十分欢喜,马上任命李白为翰林学士,在金华殿赐宴,当晚让他住在殿侧过夜。杨国忠、高力士虽然不高兴,却也无可奈何。

第二天上朝,贺知章引使者入朝候旨。李白戴纱帽着紫袍,仪态雍容地立于大殿台阶前,飘飘然有神仙凌云的姿态。

唐玄宗命人在御座旁边摆设案几,赐李白坐锦绣墩草拟诏书。李白马上奏道:"臣穿的靴子,很不干净,请陛下容许臣脱靴换鞋。"唐玄宗让小太监给李白穿上御用的吴绫云头朱履。

李太白才高被妒

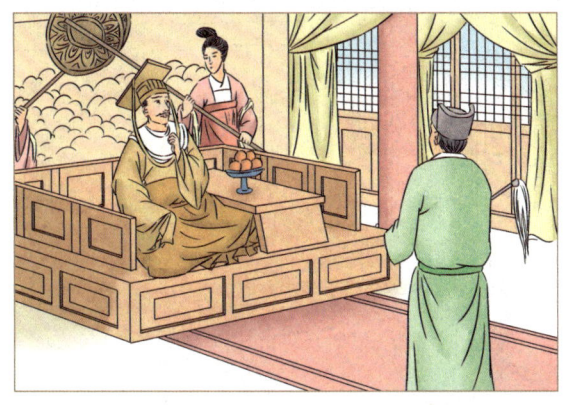

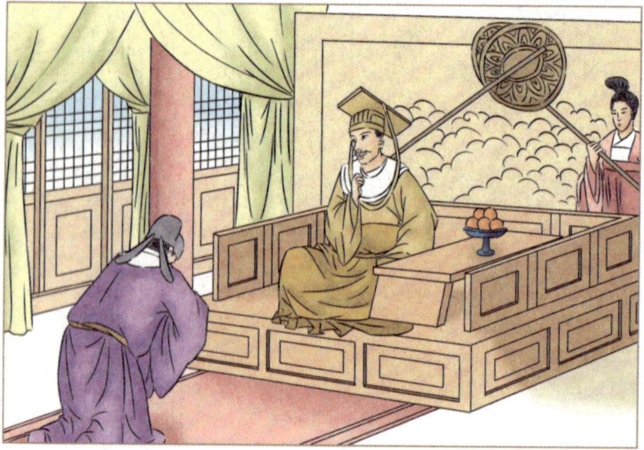

李白又叩头说:"之前臣应试,遭右相杨国忠、太尉高力士斥逐,今天他二人站在陛下面前,臣气不旺。况且臣今日奉命草拟诏书,事情重大。恳请圣旨让杨国忠磨墨、高力士脱靴,使使者不敢轻视诏书,自然诚心归附。"

唐玄宗此时正在用人之际，又觉得李白有才，就批准了他的奏请。杨、高二人心中虽然恨他，却不敢违旨，只得一个给他脱靴、一个替他磨墨。

李白举起兔毫笔，手不停挥，转眼之间就写成诏书。唐玄宗一看，那字体与渤海国的国书一模一样。众官看了，无不惊讶。

李太白才高被妒

一〇七

隋唐演义 五

一〇八

唐玄宗又命李白宣读诏书，李白宣读诏书，声音洪亮，使者俯首而听，不敢仰视。
　　使者回到渤海国后，国王看了诏书，说："天朝有神仙帮助，怎么敌得过他？"于是写了降表，派使者入朝谢罪，情愿按期朝贡。

唐玄宗敬爱李白,想要升他的官。李白推辞道:"臣一生只愿逍遥闲散,每天有美酒痛饮就足够了!"

于是唐玄宗下诏光禄寺,让其每天供给李白美酒,随便他到处游览,饮酒赋诗。后来,唐玄宗经常召李白入宫,赏花赐宴。

李太白才高被妒

一二

国学小香书 隋唐演义 五

一二一

这天,兴庆宫沉香亭下的牡丹盛开,唐玄宗在亭中设宴,和杨贵妃赏玩。唐玄宗笑着说:"花虽好却不能说话,不如妃子这般可以称得上是善解人意的花朵。"

正说笑间,乐工李龟年带着梨园子弟,拿着乐器前来。唐玄宗说:"赏名花,不能用旧乐!"就命李龟年:"用朕所乘的玉花骢马,速召李白学士前来。"

李龟年骑马，牵着玉花骢马，带着几个人，在酒肆里找到喝得酩酊大醉的李白，把他搀扶上玉花骢马，来到沉香亭。

　　唐玄宗让御厨做了醒酒汤给李白喝了。李白酒醒后，唐玄宗说："今日牡丹盛开，朕同妃子赏玩，特地找你来写新词谱曲。"

李太白才高被妒

一一五

隋唐演义 五

一二六

李白不假思索,立刻写好一首《清平调》呈上:"云想衣裳花想容,春风拂槛露华浓。若非群玉山头见,会向瑶台月下逢。"

　　唐玄宗看了,龙颜大悦,称赞道:"学士真是仙才!"便命李龟年与梨园子弟,立刻将这首词谱成新曲,一齐和唱起来,果然很好听。唐玄宗又命内侍将西凉州进贡来的葡萄美酒赐给李白,让他再写一首。

李白一口气把美酒喝完,提笔写道:"一枝红艳露凝香,云雨巫山枉断肠。借问汉宫谁得似?可怜飞燕倚新妆。"唐玄宗听后赞叹道:"这首更清新俊逸!"就自己吹玉笛伴奏,命念奴歌唱,真是悠扬悦耳。

李太白才高被妒

隋唐演义 五

曲罢又对李白道:"朕兴致浓厚,烦请学士再写一章。"便命杨贵妃亲手捧着端砚。李白又写了一章献上:"名花倾国两相欢,常得君王带笑看。解释春风无限恨,沉香亭北倚栏杆。"

唐玄宗大喜，自吹玉笛，命杨贵妃弹琵琶伴奏，命永新、念奴一齐歌唱。唱完，杨贵妃拜谢。唐玄宗笑道："不要谢朕，谢李学士。"杨贵妃就拿着玻璃盏，斟酒敬给李学士。唐玄宗命人用玉花骢马送李白回翰林院。

　　从此，李白的名气越来越大，不仅唐玄宗喜爱，杨贵妃也很看重他。但那高力士却深深记恨脱靴之事，一直在想计策来陷害他。

李太白才高被妒

隋唐演义 五

一二四

一天,高力士入宫,看到杨贵妃独自凭栏看花,正在吟唱《清平调》。他见周围没人,乘机奏道:"他说'可怜飞燕倚新妆',是把赵飞燕比作娘娘。这种讥讽非常恶毒,娘娘难道没有发觉吗?"

原来唐玄宗读《赵飞燕外传》时,说飞燕瘦弱苗条,怕被风儿吹走,就跟杨贵妃开玩笑说:"如果是你,随便风怎么吹都吹不走。"这是在嘲笑她肥胖。杨贵妃最恨别人说她肥胖,现在被高力士这么一说,非常愤怒。

李太白才高被妒

一二七

隋唐演义 五

一二八

从此，杨贵妃就经常在唐玄宗面前，说李白纵酒狂歌、没有礼节。唐玄宗每次想升李白的官都被杨贵妃阻止了。杨国忠也常说李白坏话。唐玄宗虽然很看重李白，但因为宫中的人不喜欢他，就不召他入宫赴宴了。

李白知道被小人中伤，就要求离开长安。唐玄宗最初不肯，后来无奈，就赐李白为闲散逍遥学士，所到之处，由官府给酒钱。

　　贺知章等数人，把他送到百里之外。李白出了京城后，在名山大川畅快游玩。一天，李白来到并州，看见官差押着一辆囚车，囚车中的汉子，长相伟岸非凡。

李太白才高被妒

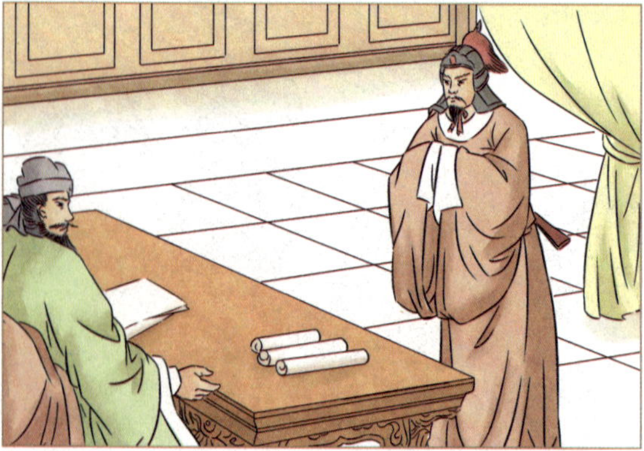

原来那人姓郭名子仪，华州人氏，文韬武略，有建功立业、忠君爱国的志向。在陇西节度使哥舒翰麾下任偏将。因为手下不小心把兵粮烧了，所以他要被处斩。

李白觉得郭子仪是个英雄豪杰,便亲自到哥舒翰那里为郭子仪求情,说愿意奏请皇上减免郭子仪的罪名。哥舒翰也是一员名将,平时也敬慕学士的才名,就答应了。

李太白才高被妒

一三五

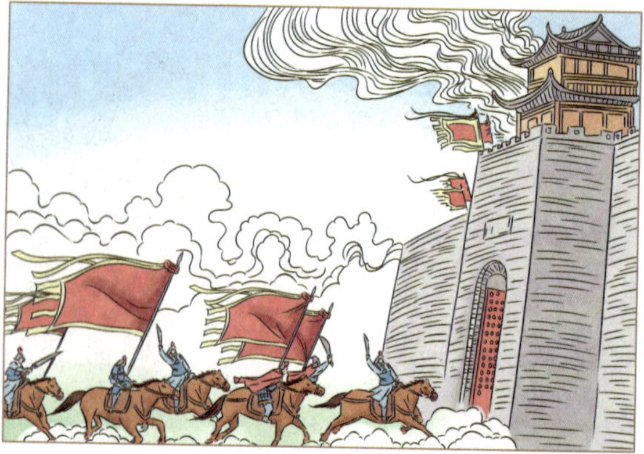

不到三天，圣旨已下，准许郭子仪戴罪立功。郭子仪感激李白救命之恩，发誓定将结草衔环以报恩。

安史之乱爆发后，永王李璘在江陵造反称帝，他派人把李白强行劫持到江陵，想封李白做官，李白坚决不接受。于是，永王就把他囚禁起来。

那时内监李辅国勾结唐肃宗的宠妃张良娣专权。李辅国奏称:"原任翰林学士李白,现在为永王出谋划策,属于叛党,应按照法律治罪。"原来李白当初在朝廷时,放浪诗酒,品德高尚,全不把这些宦官放在眼里,宦官们都不喜欢他。

李太白才高被妒

一三九

隋唐演义 五

一四〇

这事惊动了郭子仪,他想:"当年李白救我性命,大恩未报,今天怎么能不管?"于是连夜写奏章。唐肃宗看了之后,说等事情平息后再处理。

后来永王兵败自杀,李白就被关进了牢房。朝廷因为郭子仪曾为李白求情担保,就免除了李白的死刑,只将他流放到夜郎。

到乾元年间,大赦天下,李白被放回。在当涂县界,他在船里对月饮酒,大醉,想去捉水中的月亮,竟跌入水中淹死了。

李太白才高被忌